*I walk around
gathering up my garden
for the night*

by

Marie Lundquist

Translated from the Swedish by Kristina Andersson Bicher

BITTER OLEANDER
P R E S S
2020

The Bitter Oleander Press
4983 Tall Oaks Drive
Fayetteville, New York 13066-9776
USA

www.bitteroleander.com
info@bitteroleander.com

We are most grateful to Nirstedt/litteratur in Sweden for allowing us to
include the original versions of these poems published under the title of
Jag går runt och samlar in min trädgård för natten, 1992

Copyright © 2020 English translation and introduction by Kristina
Andersson Bicher

ISBN #: 978-0-9993279-9-9

Library of Congress Control Number: 2020943047

Cover painting "Botanical Garden at Lund, Sweden" by Sandra Hansen

Back cover photograph of Marie Lundquist by Thomas Wågström

Manufactured in the United States of America

ACKNOWLEDGMENTS

A special thank you to those journals and editors to whom I am most grateful for previously publishing my translations for many of these poems:

Tupelo Quarterly: "Two women watch over your grave." "The night porter reaches out," "There isn't room for two women,"

In Translation/Brooklyn Rail : "One time her handbag opens," "Something unexpected can rush," "Maybe there's still a small chance," "The smallest of my brothers," "He who doesn't want to live," "First, she must make a clean break," "I waited a whole winter," "You sleep five floors," "My breasts are sheer," "A woman can feel,"

SAND Journal : "I loosen these altogether too hard knots,"

Plume: "An Amazon can be used," "A man and a woman sit," "You enter into me," "It's the nape of your neck," "The uninvited seldom come alone," "A concubine is a wife," "I've practiced for a long time," "Grave letters are kept safe in deep boxes,"

Europe Now: "I searched for a climbing tree," "I have seen too much," "It rains on the dead," "He took off everything," "The car glides slowly," "A young man rests," "In my garden, there's an open vessel."

INTRODUCTION

Imagine walking on a beach. Then just ahead, a sudden wave tosses a bottle onto your path. Intrigued, you pick it up; and therein, of course, is a note. But this note, it seems, is actually written *for* you. And *to* you. You unfurl... *Dear Kristina,*

Some things seem meant to be. Like this book of Swedish poems and I finding each other across an ocean. True, coincidence only carries the value one assigns it, but that in no way diminishes its worth. And how does the saying go: When the reader is ready, the book appears?

Anyway, one day I received a package. It arrived at my door in brown paper, flocked with bright foreign stamps. A friend had sent me a surprise gift from Sweden, a used paperback edition of *Jag går runt och samlar in min trädgård för natten* written by Marie Lundquist and inscribed to an unknown reader who had then unwittingly passed it on to me.

I began to translate the first page: *Two women watch over your grave. Me and the person I could have been.* I was hooked. So I translated another.

This book, whose title in English is "I walk around gathering up my garden for the night," was Lundquist's first poetry collection, debuting in 1992 when the author was over 40 years old. Born in 1950 in Stockholm (where she still lives), Lundquist worked for many years as a librarian and taught creative writing. She is now the author of 11 books of poetry, prose, and essays; she has written two radio plays and translated several plays for the largest Swedish theaters. She also writes essays and critiques of photography exhibitions.

This collection is both compelling and elusive. There's directness, despite stories being told slant. There's authenticity in league with surrealism. Earnestness holding hands with irony. While the emotional terrain explored is intense, devastating even, Lundquist's tone remains arms-length. The voice is calm but never seeks to comfort.

These brief, prosey poems are full of quirks and deft turns. Aphoristic and image-driven, they regularly surprise: one might find in quick succession a Greek frieze, Judas, a smoke-jumper named Bear, and an old-time circus troupe. Lundquist has a cinematic eye, not surprising given her experience and interest in photography and dramaturgy.

Strong praise attended the publication of this debut. Reviewers called her language "polished," "inventive," "skilled," "a sharp needle," and "as clear as a running brook." Said Marianne Steinsaphir, "[Her] poems open up every time I read them, words that show the [possibilities] of language."

Lundquist has received numerous prestigious awards and honors. Her books have been translated into Dutch, French, Arabic, Latvian, Polish, Norwegian and Persian. Individual works have been translated into Norwegian, Danish, Polish, English, German, Spanish, Russian, Estonian, Lithuanian, Greek, Italian and Chinese. This book was translated into Dutch in 2001 and just in 2019 reissued in Sweden by Nirstedt /litteratur.

Noted Swedish poet and critic Göran Sommardal wrote a captivating introduction to Lundquist's newly reissued debut, clearly enchanted by poems which he says "float in a universe framed by letters, memory, fable, story, and monologue." He is especially dazzled by the poet's literary techniques, saying she achieves "this amalgamation of tragicomedy and romantic sensuality in her whimsical sabotage of narrative logic" and "semiotic asymmetry."

But linguistic pyrotechnics only take one so far, at least for this reader. Make no mistake, I greatly admire these sophisticated formulations and odd, elegant narratives. But Lundquist's work engages me at a deeper psychic level. Thematically at work in this book is the push-pull of desire: a primal need for the "other" triggering the fear of losing personal agency. In these pages, characters struggle with longing, betrayal, and identity. There is this yearning for the perceived safety of childhood, which the adult voice in the poems reminds us was always somewhat illusory. They crave wholeness. They mourn the loss of humanity's prelapsarian state of being, aka the Garden of Eden. Lundquist's garden.

The poet (rightly) employs myth and archetype as a way of grappling with these nagging human questions, digging into religion and folklore, if not for answers, then at least to remind us our concerns are age-old. The past is ongoing. The present is prologue.

Which explains why these poems are still very relevant. Only when I was waist-deep into my translating did I remember that the book was published some 25 years ago. But with its linguistic turgor, its mix of wit and sincerity, the poems seem very consonant with our current moment. These reworked parables are timeless and ring true. Lundquist speaks in a contemporary voice, offering clarity and stillness in a frenetic world. And deliciously, the essential mysteries of these poems are still intact.

—Kristina Andersson Bicher
March 14th, 2020

I walk around
gathering up my garden
for the night

Två kvinnor vakar över din grav.
Jag och den jag kunde ha varit.

Two women watch over your grave.
Me and the person I could have been.

En amazon kan användas till mycket. Askkoppen
i form av en liten låda kan på mycket kort tid
fyllas med fimpar och avbrända tändstickor.
Rökarna sitter på sina platser i förarsätet
med profilerna riktade framåt, inte helt olika
avbildningarna på en grekisk fris. Tidpunkten
är strax efter belägringen. Rökmolnen har ännu
inte lättat. Strax kommer slutordet att stå
skrivet på himlen framför bilfönstret. The end.

An Amazon can be used for so much. The ashtray
shaped like a little box can in a very short time
fill up with butts and burnt matches.
The smokers take their places in the front seat
their profiles facing forward, not entirely unlike
images on a Greek frieze. The time period
is just after the siege. The cloud of smoke
has not yet lifted. Then the last word appears
written on the sky in front of the car window. The end.

Nattportiern räcker ut sin hand.
Hans naglar är blanka som fönster.
Jag faller från sjunde våningen.

The night porter reaches out his hand.
His nails are shiny like windows.
I fall from the seventh floor.

Två kvinnor ryms inte. Annars går det mesta i par; bröst, ben, lungor, njurar och testiklar. Ve den som måste välja en av två. Hon kommer alltid att sakna sin andra hälft.

There isn't room for two women. Otherwise, most things come in pairs; breasts, bones, lungs, kidneys and testicles. Woe to whom must choose one of the two. She will always be lacking her other half.

En bevingad varelse kan plötsligt falla handlöst
ned genom rymden och bilda ett djupt hål i jordens
skorpa. Så uppstår den sjukdom som kallas brist.

A winged being can suddenly fall headlong
down through space and make a deep hole in the earth's
crust. In this way arose the disease known as scarcity.

Väntade en hel vinter på att någon
som var längre än jag skulle böja
sig ner över mig och viska något
i förtroende. En far kanske, eller
en häst som letar efter socker.

I waited a whole winter for someone
taller than me to bend down over
me and whisper something
in confidence. A father maybe, or
a horse looking for sugar.

Du sover fem trappor ovanför gatan.
Där stan slutar och snön börjar.
På din högra sida sover din son.
Han vänder huvudet åt öster och
växer. Hela natten växer han.
Oavbrutet och mycket sakta.

You sleep five floors above the street.
Where the town ends and the snow begins.
Your son sleeps by your right side.
He turns his head to the east and
grows. The whole night he grows.
Uninterrupted and so slowly.

En man och en kvinna sitter mittemot
varandra på restaurang. Han lägger sin
hand ovanpå hennes vänstra som vilar på
bordsduken. Hans hand är något större än
hennes och välver sig som ryggen på en
sköldpadda. Han håller kvar handen som om
han byggt ett hus åt den. Ser på henne och
nickar. När hon kommer hem för hon in
bilden såsom hon minns den under ordet
faderlighet i synonymordboken.

A man and a woman sit across from
each other in a restaurant. He lays his
hand on top of her left which is resting on
the tablecloth. His hand is a little bigger
than hers and arches like the back
of a turtle. He keeps it there as if he's
built a house for it. Looks at her and
nods. When she comes home, she makes a note
of the image as she remembers it under
the word fatherliness in the thesaurus.

Mina bröst är tunna som januariljus.
Du lägger händerna på mina höfter.
Drar upp klockan tills den börjar ticka.

My breasts are sheer as January light.
You lay your hands on my hips.
Wind up the clock till it starts to tick.

Det bästa jag visste var att söva
dig sakta. Som om jag redan från
början insåg att ditt naturliga
tillstånd var att inte finnas till.

The best I knew was to put you to sleep
slowly. As if I'd realized from
the start that your natural
state was to not exist.

Sitt hos mig tills jag somnar.
Rita upp motorcykellinjer i
handflatan. Asfaltera den.

Sit with me until I fall asleep.
Sketch motorcycle tracks in
the palm of my hand. Asphalt it.

Du kommer in i mig. Det lyser
därinne. En barnkammarlampa
som någon glömt att släcka.

You enter into me. It glows
in there. A nursery nightlight
that someone forgot to turn off.

En yngling vilar vid min sida.
Det rinner mjölk ur alla hål.
Mödrarna kommer för att lapa.

A young man rests by my side.
There's milk flowing from all holes.
The mothers come to lap it up.

Du sitter böjd över dina tankar.
Jag knäpper upp mitt linne,
låter dem gro.
Det är ditt land, det här våta.

You sit bent over your thoughts.
I button up my camisole,
let them take root.
It's your country, this wetness.

Jag är inte van att vara två. Att en
annan börjar alldeles intill min egen.
Jag sträcker handen över gränsen. Där
jag slutar börjar du. På så sätt liknar
vi varandra.

I'm not used to being two. That another
begins right at my edge. I stretch my hand
across the border. Where I end, you
begin. In that way we are like
each other.

Jag ser på dig med skumögd blick.
Det hjälper mot ditt starka sken.
Att låta dig silas. Guld för sig.
Och sand för sig. Alltmedan vattnet
rinner.

I look at you through hazy eyes.
It helps against your brightness.
To sift you out. Gold with gold.
And sand with sand. While the water
flows.

Jag sökte ett klätterträd
att falla ifrån. Du var på
väg in i sorgen. Ditt ärende
var att förgranas. Bli sorg.
Kall sorg. Jag föll. Mjukt
som ett äpple.

I searched for a climbing tree
to fall out of. You were stepping
right into grief. Your errand
was to be overgrown. Become grief.
Cold grief. I fell. Soft
as an apple.

Växthuset har etthundra ansikten ut mot kylan.

The greenhouse has a hundred faces against the cold.

Du är som ett träd i mig. När de stora
djuren kommer fram och kliar sig mot det
gungar marken.

You're like a tree in me. When the big
animals come up and rub their hides against it
the earth sways.

Vi sitter vid köksbordet och äter våra
köttbullar. Du förstår inte varför jag
dras till din kropp. Jag vill bara sticka
in händerna. Överallt. Breven faller in
genom brevlådan. Just så skulle det vara.
Så löftesrikt och praktiskt.

We sit at the kitchen table and eat our
meatballs. You don't understand why I
am drawn to your body. I just want to stick
my hands in. Everywhere. The letters fall in
through the mail slot. Just as it should be.
So promising and practical.

Det finns absolut ingenting hos dig som påminner
om en jugoslavisk järnvägsarbetare där han står
på spåret, brunbränd och bredbent och grinar sitt
solvargsleende emot mig genom tågfönstret. Absolut
ingenting. Utom möjligen, den lite retfulla gest
med vilken han stoppar skjortan innanför byxorna,
vänder sig om och går.

There is absolutely nothing about you that brings
to mind a railway worker standing there on the tracks,
bronzed and straddle-legged and grinning his dazzling
smile at me through the train window. Absolutely
nothing. Except possibly, that provocative little gesture
with which he stuffs his shirt into his pants,
turns around and leaves.

Det är din nacke jag vill
åt. Den del av dig som inte
ser mig.

It's the nape of your neck that I want
to get hold of. The part of you that can't
see me.

Du kan inte göra det längre. Du är
utspädd. Innehåller ingenting annat
än vatten. Jag häller ut dig i havet.

You can't do it any more. You're
diluted. You contain nothing other
than water. I pour you out into the ocean.

Låt mig slippa dess otydlighetens
apostlar. Dessa korthus som varken
står eller faller. Ge mig en man av
murat tegel så ska jag hänga mig om
halsen på honom. Stolt som en balkong.

Spare me these apostles of
ambiguity. These houses of cards that
neither stand nor fall. Give me a man
built of brick and I will hang
from his neck. Proud as a balcony.

Jag har sett för mycket. Kirurgens
ingrepp. Ärret till höger på din
mage. Hur ska jag då kunna börja
om med en annan kropp. En annan
kirurg.

I have seen too much. The surgeon's
incision. The scar to the right of
your stomach. How can I start
over with another body. Another
surgeon.

Från och med nu är jag avklädd.
Tillbakabildad. Vi kan börja om.
Ta simlektioner. Invänta syndafallet.

From now on, I am undressed.
Vestigial. We can start over.
Take swimming lessons. Wait for the fall of man.

Jag är under jorden. Ner till
stenminnena går du. Barfota
som i templet.

I am under the earth. You walk down
toward the stone memorials. Barefoot
as in the temple.

Till sist återstår intet
annat än att låta min kropp
bli en svepning runt din kropp.

Finally nothing remains
other than to let my body
become a shroud around your body.

Jag lossar dessa alltför hårda
knutar. Släpper taget för att
stiga som en rök. Du ligger på
rygg under mig. Jag är segel.
Bara segel. Sen är det över.

I loosen these altogether too hard
knots. Let go in order to
rise like smoke. You lie on
your back under me. I'm a sail.
Only a sail. Then it's over.

Jag kanske lämnar dig för en
annan. Går längst in i mig själv
och stannar där för alltid.

I might leave you for another.
Go as far as possible into myself
and stay there forever.

Det regnar på den döde. Så berättas det.
Jag reser för att se med egna ögon.
Hans uppåtvända händer är fyllda av
vatten. Jag dricker som en kalv.

It rains on the dead. So they say.
I go to see with my own eyes.
His upturned hands are filled with
water. I drink like a calf.

Jag vänder pannan mot marken
och ber den mjukna.

I turn my forehead to the ground
and beg it to soften.

Bli sittande utan att förstå. Ursinnig.
Tunn och grå och obönhörlig. Ihjälberättad.

To be left sitting and not understanding. Enraged.
Thin and gray and inexorable. Told to death.

Förbehållslös. Ett av de vackraste
ord jag vet. Stenyxa. Ett av de
dugligaste.

Unconditional. One of the most beautiful words I know. Stone axe. One of the most competent.

Den objudne kommer sällan ensam. Han släpar
på ett tungt bagage av barn, före detta fruar
och andra hjälplösa släktingar. De liknar ett
cirkusfölje. Ett sånt man kunde möta ute på
landsvägarna förr i tiden. När man var liten
och satt i baksätet. En stark lukt svepte
förbi och blev kvar. Samma lukt utgår från
den objudne. Samma lockelse att få tillhöra
hans främmande släkte.

The uninvited seldom come alone. He drags
behind him the heavy luggage of children, former wives
and other helpless relatives. They look like a
traveling circus troupe. The kind one might meet out on
a country road in the old days. When you were little
and sat in the backseat. A strong scent swept past
and lingered. The same scent issues from
the uninvited. The same temptation to belong
to his strange family.

Äktenskap kan ha olika färg. Man får se upp
om någon säger sig leva i ett vitt äktenskap.
En vit man vill gärna utforska och lägga under
sig okända områden. En hare vet vad det handlar
om. Han har alltför många gånger sicksackat
i ljuset från ett blekansikte. En indian likaså.
Nuförtiden finns det speciella reservat för de
utrotningshotade. Innanför stängslen är de
skyddade. Meningen med dessa reservat påminner
i viss mån om meningen med det heliga ståndet.
Att överleva på en begränsad yta.

Marriages can have different shades. Take note
if someone tells you their marriage is pure white.
A white man likes to explore and take charge of
unknown territory. A hare knows what
that's all about. Too many times has he zigzagged
in the light of a paleface. A Native American too.
Nowadays there are special reservations for
those who are threatened. Behind fences they're
protected. The purpose of such reservations evokes
the purpose of the state of holy matrimony.
To survive in a bounded space.

En kvinna kan känna sig förunderligt hemmastadd med en gift mans kropp. Hans öron är varma och fyllda av veck och håligheter som en väl använd ytterrock. Hans pung kan verka gammal och sliten men är len som läder när det är utnött. Han bär inga ringar eftersom hans fingrar inte tål några bojor och hans löften är så tunna att man kan läsa tidningen igenom dem. Kanske är det så att den rätta familjära känslan bara kan uppstå inom en annan familj än den egna.

A woman can feel marvelously at home
with a married man's body. His ears are warm
and full of creases and hollows like a well-used
overcoat. His scrotum can seem old and worn
but is soft as leather when it's used up. He wears
no rings because his fingers can't stand any
shackles and his promises are so thin you can read
the newspaper through them. Maybe it's so, that
the truest familial feeling can only arise in a family
other than your own.

En bihustru är en hustru som ryms i en liten
och bastant väska. En bihustru kan matas med
sprit, gärna matskedsvis. En furstlig man
kan ibland umgås med sin bihustru såsom med
en utvald. Efter en längre tids diet kommer
hon att föda honom en son. En knivkastare.

A concubine is a wife who fits in a small
sturdy handbag. A concubine can be fed with
liquor, by the tablespoon, gladly. A prince of a man
can sometimes keep company with his concubine
same as his chosen one. After a lengthy diet, she will
bear him a son. A knife thrower.

En vanlig svensk man kan än idag förvandlas
och anta namnet Judas. Det förpliktigar.
En ensam kvinna måste akta sig. Lärjungar
finns överallt. Det är inte alltid de bär
sandaler och är lätta att känna igen. Kyssen
är förrädarens tecken. Och förnekelsen. Tre
gånger samma natt. Förlåt honom icke, ty han
vet vad han gör.

Even these days, an ordinary Swedish man can be
transformed and take on the name Judas. It brings
responsibility. A single woman must be careful. Disciples
are everywhere. They're not always dressed in
sandals and are easy to recognize. The kiss is the
traitor's sign. And the denial. Three times in
one night. Forgive him not, for he knows
what he does.

Han rullar ut sin ödletunga och slickar henne
överallt. Att bäddas in eller sjunka kan vara
detsamma. Vadd eller vatten. Att bli svept av
någon som vet hur det ska göras. Att ändå få
tillhöra en generation som vet vad njutning är.

He rolls out his lizard tongue and licks her
all over. To be bedded or to sink can be one and
the same. Wadding or water. To be swathed by
someone who knows how it's done. And despite that, to
be part of generation that knows what pleasure is.

Han klädde av sig allt. Bilen, byxorna,
läderhöljet, livremmen och kainsmärket.
När alla dessa ting låg utspridda på
golvet såg det ut som om de hade känt
varandra mycket länge.

He took off everything. The car, the pants,
the leather covering, the belt and the mark of Cain.
When all these things lay spread out
on the floor, it looked as if they had known
each other for a long time.

Om han vågat visa henne sina fötter
hade hon kunnat smörja dem. Det hade
blivit mjukare så.

If he had dared show her his feet
she could have anointed them. It would have
been softer that way.

Det som finns kvar när han har gått är lite
slem och vitt vatten. Som om någon krossat
ett rått ägg. Innan det var moget. Hon bäddar
sängen med rena vita lakan. Lägger sig ner och
ruvar på den dununge som ska vackla fram ur
skärvorna.

What's left over after he's gone is a little
slime and white water. As if someone crushed
a raw egg. Before it matured. She makes the bed
with clean white sheets. Lies down and
broods over the newborn chick that will totter
out from the shards.

En gång öppnar sig hennes handväska som en
uppenbarelse. Dess innehåll utgörs av brinnande
kött. Efteråt, när hon knäppt till låset hörs
ett stillsamt sprakande när de små lågorna
slickar fodret. Det låter trivsamt. Engelskt.
En man med ljusa ögonfransar stiger fram såsom
anden i flaskan och lägger in ytterligare ett
vedträ i brasan. Därefter fortfar hennes drömmar
att vara lika kortlivade som spårvägshållplatser.

One time her handbag opens like a
revelation. Its contents consist of burning
meat. Afterwards, when she snaps shut the lock,
a quiet crackling is heard as small flames
lick at the lining. It sounds cozy. English.
A man with light blond eyelashes emerges like
a genie from a bottle and lays another
log on the fire. After that, her dreams continue
to be as short-lived as trolley stops.

Kanske finns det fortfarande en liten chans
att en man, en impressario helt enkelt, ska
komma gående och kasta sig över en med en
uppflammande plötslighet. Som en rodnad.
Kanske finns det fortfarande ulvar gråa som
vantar som vässar sina hörntänder på slipstenar
så flisorna glimmar som vigselringar i gräset.
Kanske finns det fortfarande rökdykare, riktiga
män vid namn orm eller björn som böjer sig ner
med hela sin tunga utrustning, bara för att tala
lugnande till små barn. Företrädesvis pojkar.

Maybe there's still a small chance
that a man, an impresario in short, will
come forward and throw himself over you
like a quick flare. Like a blush. Maybe
there are still wolves, gray as mittens,
who sharpen their eyeteeth on grindstones
so the shavings gleam like wedding rings in the grass.
Maybe there are still smoke-jumpers, real
men named Snake or Bear, who bend down
with all their heavy equipment, just to soothe
small children. Especially boys.

Om något sticker upp ur sanden är det antingen
ett begravt vikingaskepp eller en man vid namn
gulliver. En arkeolog kan gräva fram det förstnämnda
med tesked. Det tar lång tid, kanske år. En kvinna
kan göra detsamma med sin sagohjälte. Det går inte
fortare.

If something is sticking up out of the sand, it's either a buried Viking ship or a man by the name of Gulliver. An archaeologist can unearth the former with a teaspoon. It takes a long time, years maybe. A woman can do the same with her storybook hero. It doesn't go any faster.

En smörgås består av bröd, smör och ost.
En man består av kött, blod och vatten.
När en man sitter intill en kvinna och
äter på en smörgås kan han känna sig dum.
Kvinnan gråter. Hon är inte hungrig. Detta
är hela skillnaden mellan det manliga och
det kvinnliga. Att kunna äta en smörgås
eller inte.

A sandwich consists of bread, butter and cheese.
A man consists of meat, blood and water.
When a man sits next to a woman and
takes a bite of his sandwich, he can feel stupid.
The woman cries. She's not hungry. That
is the entire difference between the male and
the female. To know whether to eat a sandwich
or not.

Kvinnliga jägare river och sliter i sitt byte. Manliga fångstmän ser infångandet mera som en konstart bland andra. De övar sig länge på olika försöksobjekt innan de närmar sig det verkliga villebrådet. Det är bra för deras självkänsla. Som prov är till exempel en god radiolyssnare utmärkt. Hon är inte van att få rosor. Romantiken kan döda en radiolyssnare. Hon känner inte igen signalerna. Kan inte försvara sig. Det enda hon har att ta till är det morsealfabet som ibland sänds ut över kortvågsnätet med påskriften: "Får användas endast i nödsituationer."

Female hunters rip and tear into their catch.
Male trappers see the chase like just one of many
art forms. They rehearse for a long time
on different test subjects before they stalk the real
target. It's good for their self-esteem.
As practice, for example, a good radio
listener is an excellent choice. She isn't used to
getting roses. Romance can kill a radio listener.
She doesn't recognize the signs. Can't protect
herself. The only thing she has to draw on
is the Morse code alphabet which is sometimes broadcast over
shortwave radio with the notation: "To be used
only in case of emergency."

En vuxen man lägger varligt ner en kvinna
i gräset. Som när ett barn lämnar tillbaka
en skalbagge dit där den hör hemma.

A grown man gently lays a woman down
in the grass. Like when a child returns
a beetle back to where it belongs.

Jag tränar sedan länge
på att anlägga det manliga
perspektivet. Böneutroparens:

Det ryms inga kvinnor i mitt liv.
Jag måste vara enstöring ett tag nu.
Vi hinner inte ses innan jag sticker.
Jag kanske glider förbi nån dag.
Jag måste sluta nu, jag ska rödfärga kåken.
Det är så fritt med dig.
Jag kan bara bestämma mig en kvart innan.
Jag måste bara ringa min fru.
Så fort jag blir förälskad blir jag förtvivlad.
Varför slår du mig inte.
Det här är precis som det blev med min förra tjej.
Jag går nu, men du kan stanna så länge du vill.
Där du ligger nu, där brukar min son sova.
Jag återkommer.
Jag bara är sån.
Jag står här och väntar på en annan kvinna.
Jag kan aldrig bli en parman.
Jag vill att våra möten ska vara just möten.
Jag ska skriva ett brev och förklara allt.
Jag är ingen hungrig man.
Jag måste lära mig att vara ensam.
Gode Gud, vad du är dramatisk.
Jag lovar ingenting.
Jag ringer.

I've practiced for a long
time to assume the male
perspective. The prayer-caller:

There's no room for women in my life.
I must be a hermit for a while now.
There isn't time to see each other before I take off.
I might drop by one of these days.
I've got to stop now, I need to paint on my house.
I feel so free with you.
I can decide only 15 minutes before.
I just have to call my wife.
As soon as I fall in love, I begin to despair.
Why don't you hit me.
This is just how it was with my last girlfriend.
I have to go now but you can stay as long as you want.
Where you're lying now is where my son usually sleeps.
I'll be back.
That's just who I am.
I'm here waiting for another woman.
I don't do relationships.
I want our dates to be just dates.
I'll write a letter and explain everything.
I'm not a piggish guy.
I just have to learn how to be alone.
Good God, you're so dramatic.
I can't promise anything.
I'll call.

Först måste hon hugga rent. Avstå från allt.
Raka huvudet, stryka av sig kläderna. Uppfylla
andras drömmar, överta deras sjukdomar. Sammanföra
dem som hörde samman, åtskilja dem som borde skiljas.
Flytta de väggfasta, få de lama att galoppera, dra
upp ridån för de blinda och leka viskleken med de
döva. Ingenting kunde rädda henne. Den oumbärliga
måste dö. Det visste redan evangelisterna.

First, she must make a clean break. Renounce everything.
Shave the head, wipe off the clothes. Fulfill
other people's dreams, take on their illnesses. Unite
those who belong together, separate those who should be apart.
Unstick those fixed in their ways, get the lame to gallop,
raise the curtains for the blind and play telephone
with the deaf. Nothing could save her. The indispensable ones
must die. The Evangelists knew this already.

Något oväntat kan komma farande med stark
kraft genom ett öppet fönster. Något som
ingen räknat med. En båtshake eller ett
redskap tänkt för ett helt annat ändamål.
Ibland kan det vara en människa. Vi har
mycket att lära av musiken. Man måste
fortsätta spela som om ingenting hade hänt.

Something unexpected can rush at you with
strong force through an open window. Something
that no one foresaw. A boathook or a tool
meant for a completely different purpose.
Sometimes it can be a person. We have
much to learn from the music. One must
keep playing as if nothing had happened.

Han som inte vill leva ligger utsträckt på
spåret. Snabbt och varligt blir han upplyft
och nedlagd på perrongen. Hans fyra välgörare
står runtomkring honom med böjda huvuden.
Tillsammans liknar de en sagans rosenhäck.
Den svage lyser med en flämtande låga.
De vänder bort sina ögon för att inte bländas.

He who doesn't want to live lies outstretched
on the tracks. Quickly and gently he's lifted up
and laid down on the platform. His four benefactors
stand around him with bowed heads.
Together they look like a fairytale rose hedge.
The weak one glows with a pulsing flame.
They turn their eyes so as not to be blinded.

Hon var räddare än sitt barn för åskan.
Det elektriska. För att slippa höra
stängde hon in sig med barnet i en
garderob. Långt senare kom fadern hem.
Då fick de veta att just den garderoben
innehöll proppskåpet. Som mor var hon
obestämd. Grå. Det enda som var tydligt
var åskan.

She was more afraid than her child was
of the thunder. The electricity. To avoid
hearing it, she shut herself in the closet with
the child. The father came home much later.
Then they realized that just that very closet
contained the fusebox. As a mother she was
indecisive. Gray. The only thing that was clear
was the thunder.

Bilen glider sakta in mot trottoarkanten.
I baksätet sitter sonen. Han ser på fadern
genom rutan. Trycker sig mot glaset. Skrattar,
slår med händerna. Dova dunsar, kvävda rop.
Fadern trycker sin panna mot hans på andra
sidan glaset. Det svalkar.

The car glides slowly toward the curb.

The son sits in the backseat. He looks at his father
through the windowpane. Presses against the glass.
Laughing, banging his hands. Soft thuds, muffled
shouts. The father presses his forehead against his son's
on the other side of the glass. It's cooling.

Den värsta stunden är strax innan.
Väntan. Blicken ännu närsynt. Dis
och kramp. Anropa mig från en plats
långt borta. Låt mig åtminstone ana
en axel av trä att luta sig mot.
Ett hjärta av sten att sänka sig med.

The worst moment is right before.
The wait. Eyes still unfocused. Fog
and convulsion. Call me from a place
far away. Let me at least sense that there's
a shoulder of wood to lean against.
A heart of stone to sink with.

Den minste av mina bröder skall föra mig
tillbaka till våra första gömställen.
Innanför dessa, i de djupaste hålorna
finns apelsinkärnor som glömskan petat
ner i jorden. För att få dessa att gro
måste man lägga sig ner tätt tryckt mot
mullen och bli en jordängel. Att vänta så
är också ett välsignat tillstånd.

The smallest of my brothers will bring me
back to our first hiding places.
Beneath them, in the deepest holes,
are the orange seeds that forgetfulness poked
down into the earth. To get them to grow
you must lie down pressed tight against
the loam and become an earth angel. To wait
like that is also a blessed state.

Gravbrev förvaras i djupa lådor av brandsäkert
material. De utgör de dödas sista förbindelse
med yttervärlden. I dem återfinns namn som kan
läsas upp. När en präst åkallar dessa namn
låter de så högtidliga att man först inte
igenkänner dem. Någon, en nära anförvant eller
ett syskon av annat slag, måste då ta namnen
i sin mun och behålla dem där tills de blir
mjuka och lite ankomna. Som augustipäron.
Först då kan de döda få frid, rena lakan
och ett evigt liv.

Grave letters are kept safe in deep boxes made of fireproof
material. They constitute the dead's final connection
with the outside world. In them, you'll find names
that can be read aloud. When a priest invokes
these names, they sound so solemn that at first they're
hard to recognize. Someone, a close relation or
sibling of some sort, must then take the names
in his mouth and keep them there till they become
soft and a little overripe. Like August pears.
Only then can the dead get peace, clean sheets
and life everlasting.

Min biktfader visar aldrig sitt rätta ansikte.
Han tar emot allas synder, repar upp dem och
stickar en skottsäker väst åt sig.

My confessor never shows his true face.
He receives everybody's sins, unravels them and
knits them into a bulletproof vest.

Jag går ut i skogen. Omgiven av
träbeläten känner jag igen mig.
Människans ursprung är trä.
Därifrån kommer törsten.

I go out into the woods. Surrounded by
wooden idols, I recognize myself.
Man's origins are wood.
That's where the thirst comes from.

Avkräv mig inga löften. Giv dem
åt syrsorna att fila ner till spån.
Täck inte rosorna. Vattna ärketrädet.

Don't ask me for promises. Give them
to the crickets to file down into shavings.
Don't cover the roses. Water the archtree.

En underbar glömska vaktar dina
öppningar. Hågkomsten vilar i
minneslunden. Oskiljaktig.

A wonderful oblivion guards your
openings. The remembrance is at rest in
the memorial grove. Inseparable.

Släpp försångaren och låt honom
gå. Han har kiselstenarna. Han
vet vägen.

Release the lead singer and let him
go. He has the pebbles. He
knows the way.

I min trädgård står ett öppet
kärl. Löv samlas på dess botten.
Djur kommer dit för att dricka.
Av alla skålar vill jag spara
denna enda.

In my garden, there's an open
vessel. Leaves collect on the bottom.
Animals come there to drink.
Of all the bowls, I want to save
only this one.

Marie Lundquist, born in 1950 and residing in Stockholm, is a poet, translator, and dramatist. She is the author of eleven books of poetry, prose, and essays; she has written two radio plays and translated several plays for the largest Swedish theaters. She also writes essays and critiques of photography exhibitions. In addition to writing and translating, she has worked for many years as a librarian and a teacher of creative writing. Lundquist received numerous awards and honors, including Sveriges Radios Lyrikpris (2002), stipendium from the Svenska Akademien (2007), De Nios Lyrikpris (2008) and the Aspenströmpriset (2015).

Her books have been translated into Dutch, French, Arabic, Latvian, Polish, Norwegian and Persian. Individual works published in journals or anthologies have been translated into Norwegian, Danish, Polish, English, German, Spanish, Russian, Estonian, Lithuanian, Greek, Italian and Chinese. *Jag går runt och samlar in min trädgård för natten* was also translated into Dutch in 2001 and distributed in Holland and Belgium. In 2017, a major Norwegian press published a translation of selected poems from her first three books. The influential Norwegian paper, *Morgonbladet*, published an in-depth and favorable review of this new translation.

*   *   *

Kristina Andersson Bicher is a Swedish-American poet, translator and essayist whose work has appeared in *Denver Quarterly*, *Hayden's Ferry Review*, *Ploughshares*, *Narrative*, *Barrow Street*, *The Atlantic* and others. She earned degrees from Harvard University and Sarah Lawrence College. Her full-length poetry collection *She-Giant in the Land of Here-We-Go-Again* was published by MadHat Press in the spring of 2020. Her chapbook *Just Now Alive* was published as a contest finalist in 2014 in the New Women's Voices Series. Her Swedish poetry translations have been published in the *Brooklyn Rail*, *Plume*, *SAND Journal*, *Harvard Review* and *Tupelo Quarterly*; this is her first book-length translation project. Her work has been nominated for various prizes, including the Pushcart, and she was selected to attend the Bread Loaf Translators Conference.

Index of First Lines by Page Number

THE BITTER OLEANDER PRESS
Library of Poetry

—TRANSLATION SERIES—

Torn Apart by Joyce Mansour
(France) —*translated by Serge Gavronsky*

Children of the Quadrilateral by Benjamin Péret
(France) —*translated by Jane Barnard & Albert Frank Moritz*

Edible Amazonia by Nicomedes Suárez-Araúz
(Bolivia) —*translated by Steven Ford Brown*

A Cage of Transparent Words by Alberto Blanco
(Mexico) —*a bilingual edition with multiple translators*

Afterglow by Alberto Blanco
(Mexico) —*translated by Jennifer Rathbun*

Of Flies and Monkeys by Jacques Dupin
(France) —*translated by John Taylor*

1001 Winters by Kristiina Ehin
(Estonia) —*translated by Ilmar Lehtpere*

Tobacco Dogs by Ana Minga
(Ecuador) —*translated by Alexis Levitin*

Sheds by José-Flore Tappy *
(Switzerland) —*translated by John Taylor*

Puppets in the Wind by Karl Krolow
(Germany) —*translated by Stuart Friebert*

Movement Through the End by Philippe Rahmy
(Switzerland) —*translated by Rosemary Lloyd*

Ripened Wheat: Selected Poems of Hai Zi **
(China) —*translated by Ye Chun*

Conmfetti-Ash: Selected Poems of Salvador Novo
(Mexico) —*translated by Anthony Seidman & David Shook*

---

* Finalist for National Translation Award from American Literary Translators Association (ALTA)—2015

** Finalist for Lucien Stryk Asian Translation Award from American Literary Translators Association (ALTA)—2016

*** Long-Listed for National Translation Award from American Literary Translators Association (ALTA)—2017

THE BITTER OLEANDER PRESS
Library of Poetry

—ORIGINAL POETRY SERIES—

The Moon Rises in the Rattlesnake's Mouth by Silvia Scheibli

On Carbon-Dating Hunger by Anthony Seidman

Where Thirsts Intersect by Anthony Seidman

Festival of Stone by Steve Barfield

Infinite Days by Alan Britt

Vermilion by Alan Britt

Teaching Bones to Fly by Christine Boyka Kluge

Stirring the Mirror by Christine Boyka Kluge

Travel Over Water by Ye Chun

Gold Carp Jack Fruit Mirrors by George Kalamaras

Van Gogh in Poems by Carol Dine

** *Giving Way* by Shawn Fawson

If Night is Falling by John Taylor

The First Decade: 1968-1978 by Duane Locke

Empire in the Shade of a Grass Blade by Rob Cook

Painting the Egret's Echo by Patty Dickson Pieczka [2012]

Parabola Dreams by Alan Britt & Silvia Scheibli

Child Sings in the Womb by Patrick Lawler

* *The Cave* by Tom Holmes [2013]

Light from a Small Brown Bird by Rich Ives

* Winner of The Bitter Oleander Press Library of Poetry Award (BOPLOPA)
** Utah Book Award Winner (2012)
*** Typography, Graphic Design & Poetry

All back issues and single copies of *The Bitter Oleander* are available for $10.00
For more information, contact us at info@bitteroleander.com
Visit us on Facebook or www.bitteroleander.com

The font used in this book is the digital representation of a family of type developed by William Caslon (1692-1766). Printer Benjamin Franklin introduced Caslon into the American colonies, where it was used extensively, including the official printing of The Declaration of Independence by a Baltimore printer. Caslon's fonts have a variety of design, giving them an uneven, rhythmic texture that adds to their visual interest and appeal. The Caslon foundry continued under his heirs and operated until the 1960s.